먼 바다 건너 귀향

문학고을시선 · 31

먼 바다 건너 귀향

초판 1쇄 발행 | 2025년 11월 20일

저 자 | 오금석

펴 낸 곳 | 도서출판 문학고을
펴 낸 이 | 조진희
편 집 자 | 조현민
주소 | 경기도 부천시 오정구 성곡로 16번길 7 901호
서울사무실 | 서울시 강남구 학동로38길 38 (논현동) 204호
전화 | 02-540-3837
이메일 | narin2115@naver.com
등록 | 제2020-111176호

ISBN 979-11-92635-39-2 03810
정가 12,000원

© 오금석, 2025

* 이 책의 판권은 지은이와 도서출판 문학고을에 있습니다.
* 잘못된 책은 구입처에서 교환해 드립니다.

문학고을시선 · 31

먼 바다 건너 귀향

오금석 2시집

| 시인의 말 |

두 번째 시집을 상재하며

"먼 하늘 하늘 바다 건너" 첫 시집을 출판하며 정제된 시 초고를 다시 더 넓은 과거의 축적과 현재 생활의 귀향으로 펜을 들었다.
더 전진하는 안목과 사색 그리고 넓은 상념과 통찰력을 가져 더 넓은 귀향이 되길 바랐다.

넓은 대지와 우주 안에 하루 하루 생활에 다 같이 느끼며 부딪치는 우리들의 평범한 생활 속에 아름다우며, 가슴에서 소용돌이 치는 옛 그리운 귀향으로 독자들에게 다가가고 싶은 마음이다.

우리들의 일상 생활이 반복되는 것 같지만 세월의 흐름 속에 의식의 세계는 변하고 있음에도 "먼 바다 건너 귀향"에서 표현하여 만나고자 한다.

두 번째 시집으로 다시 한번 성장과 성숙한 단계로 도약하는 계기가 되길 바라며, 저의 두 번째 시집 출간에 지도와 격려 그리고 많은 도움을 주신 문학고을 조현민 회장님께 머리 숙여 감사와 존경을 드린다.

두 번째 시집은 부드럽거나 깊은 관찰과 세련된 안목과 사색이 결여로, 잘 다듬어진 표현과 감정이 부족합니다. 깊이보다 단순한 표현의 기초적인 시집으로 초보자님들과 같은 공유가 있기를 바란다.

〈독자분들의 넓은 이해와 사랑으로, 좋은 멘토와 가르침을 기대합니다.〉

— 다니엘, 오금석 배상

| 여는 시 |

먼 바다 건너 귀향

하늘 높고 푸른 하늘
먼 바다 건너 대륙이 보이면

그리운 님의 향수
굳었던 가슴이 열리며 님의 얼굴이 보인다

님을 떠난지 반 세기가 지났다
님 그리움에 먼 바다 바라본다

님의 따스한 입김
사랑했던 뜨거운 가슴 식지 않고 그리워한다

님 보고 파
어제도 오늘도 가슴 조이며
먼 바다 건너 귀향을 꿈꾼다

님의 따스한 손
사랑했던 뜨거운 가슴
달곰한 입맞춤 식지 않고 그리워한다

먼 바다 건너 님이 보인다
못다 한 사랑 있었기에
후회와 안타까운 마음 눈을 적시며

청춘은 세월 수레에 앞길을 달리고
님을 향한 가슴은
잊을 수 없는 귀향에 대륙을 바라본다

싸늘한 달빛 별들
오늘은 연민과 사랑의 웃음으로
내 가슴에 살며시 내려온다

머리카락 하나둘씩 하얘지고
얼굴은 솥뚜껑처럼 되어도
뜨거운 님 그리움 가슴에서 속삭이고
먼 바다 건너 귀향으로 잠을 못 이룬다

| 축하의 글 |

제2시집 "먼 바다 건너 귀향" 출간 축하글

다니엘 오금석 시인님의 두 번째 옥고로 빚은 시집인 『먼 바다 건너 귀향』 출간을 가슴 벅차고 기쁜 마음을 담아 진심으로 축하드립니다.

오랜 시간, 『먼 바다 건너 귀향』처럼 아득하고 외로움과 고독한 창작의 시간을 홀로 견디셨을 시인님의 노고에 깊이 존경과 찬사를 보냅니다.

그 바다를 건너 마침내 우리 곁으로 고국에 귀향한 제2시집이, 그리움과 향수가 얼마나 아름답고 절실하며, 진실한 목소리를 담고 있는지 가슴 설레며 벌써 기대가 됩니다.

시인에게 있어 제2시집 출간은, 보통 문학적 성장과 정체성을 확립하는 중요한 의미가 있으며, 첫 시집의 경험과 감성을 시로 엮어 독자에게 위로와 희망, 따뜻한 감성을 전하고 있기에, 시인에게 있어 창작의 새로운 이정표가 된다고 할 것입니다.

시인님의 시가 비루한 세상의 모든 방황하는 영혼들에 따뜻한 사랑으로 고향의 품이 되기를, 그리고 잔잔한 울림을 주는 어두운 사회에 등대가 되기를 기원합니다.

이번 시집을 통해 시인님의 문학적 지평이 더욱 넓어지기를 진심으로 기원하며,『먼 바다 건너 귀향』이란 시제처럼 고향에 대한 향수와 서정 사랑이 더욱 꽃피길 기원하며, 거친 풍랑을 피해 안전하고 성공적인 항해가 되기를 소망하며 응원합니다.

다시 한번 옥고玉稿로 빚은 제2 시집『먼 바다 건너 귀향』상재上梓를 축하드리며 다니엘 오금석 시인님의 건강과 행복 건승을 기원합니다.

―문학고을 회장 조현민

| 목차 |

4	시인의 말 | 두번째 시집을 상재하며
6	여는 시 | 먼 바다 건너 귀향
8	축하의 글 | 제2시집 "먼 바다 건너 귀향" 출간 축하글 _ 조현민

제1부 삶의 시작과 마침

16	11월 말 오솔길
17	12월 동지
18	냉정한 침묵
19	단풍의 슬픈 소리
20	떠나가는 아스펜 나무
22	만경강 들녘
23	방황하는 영혼
24	부부의 불평
26	사랑의 소리
27	석양을 바라보며
28	선잠
29	세월이 가면
30	아쉬운 이별
31	여로-II
32	여름의 장막
33	오사카 성
34	전쟁 난민의 고통(팔레스타인 난민)
35	지평선 들녘에서
36	집 앞 우체통
38	피로
39	한여름 하루
40	한강 II
41	헤매는 밤
42	혹독한 여름
43	홀로 옷깃을 흔들면

제2부 행복은 경험이 아니라 느끼는 감정이다

- 46 Eco 호수 Ⅱ
- 47 그런가 보다
- 48 꽃 속의 대화
- 49 낙엽의 소리
- 50 망설임
- 51 백일홍 웃음
- 52 비가 오는 밤
- 53 삶의 전망대
- 54 어머니 가슴
- 55 연민 외출
- 56 자유와 희망
- 57 청여(아침 이슬)
- 58 절뚝거리는 오리-Ⅱ
- 60 접시 꽃 옆에서
- 62 추수 감사절
- 63 친구
- 64 텅빈 머리
- 65 하얀 서리
- 66 한 번쯤
- 67 행복과 고통의 교차로
- 68 현상과 현실
- 69 혹독한 낙엽의 이별 Ⅱ

제3부 아름다운 추억과 그리움

- 72 6월 행진곡
- 73 가 보려나 Ⅱ
- 74 가을이 오는 소리(송광사)
- 75 고통아 떠나라
- 76 교차로
- 77 교토의 게이샤 거리
- 78 그리움
- 79 너를 보내도

80	늙은 수다쟁이
81	록키 산의 가을 사슴
82	다니엘에게 ll
84	병상의 대화
85	사랑의 꽃
86	삶도 그렇다
88	삼선 간짜장
90	비보의 슬픔
91	이름을 남기고
92	온천 거리(교토)
94	짝사랑 정수
95	청여와 잎
96	초가집 동네
97	추억의 먼지
98	코스모스 환영식

제4부 성공한 인생

100	10-4 인생사
101	가을 천상의 꿈
102	가을의 이별-2
104	공원 속에 하루
105	국화꽃 이별
106	금빛 이별
107	꿈속을 걷다
108	단풍의 소리 II
109	대나무 숲길- 치쿠린에서(교토 일본)
110	동장군 집 앞
111	된장국에 화분을 넣었다
112	모래밭에 사과나무
114	들녘의 사계절
115	봄의 첫 입김
116	사랑의 교차로와 평행선
118	삶의 시작
119	새 한 마리

120	생각해 보니
121	자연의 한 가족
122	어디 있느냐
124	자식
125	전주천 서쪽으로 가면
126	즐거운 잔치
127	초대장
128	푸른 짝사랑의 비밀
129	하늘 호수 단풍 퍼레이드 II

제5부 잘 익은 열매의 기도

132	가을이 오면
133	눈 망울
134	눈을 감는다
135	텅빈 동자보살
136	망각의 하느님
137	사랑은 오래 참습니다
138	새벽 기도
139	새해의 희망
140	아쉽다
141	아침 기도
142	연꽃
143	우물 속 나의 영혼
144	일요일 아침
145	잠시 눈을 감는다
146	저녁 기도 II
147	조건 없는 사랑
148	한 해를 보내며
149	호수의 안개 천사 II
150	홀로 II
151	홀로는

해설

154	해설	디아스포라의 영혼과 내면적 귀환 _ 이지선

제1부
삶의 시작과 마침

11월 말 오솔길

냇가 오솔길은
스산한 바람과 말라버린 풀들이
흐르는 물 소리를 자르며
외롭고 쓸쓸한 길이다

태양은 더 멀리 떠나고
회색 구름이 장막을 치면
오솔길은 더 외로워진다

11월 말 오솔길에
벌거벗은 나무는
부동자세로 동장군을 맞을 준비한다

철통같은 방어는
살아남는 버팀목이다

12월 동지

한 해 한 해 12월은
못내 아쉬움과 그리움으로
서운함과 즐거움이다

어른은
뒤돌아보는 한 해요
젊음은
즐거움 해의 축제이다

12월은 긴 밤의 여운을 남기고
새해의 희망을 꿈꾼다

저녁은 두꺼운 장막으로
여명은 멀리 서성이고
어두움에 촛불을 켜고 나를 응시한다

이번 동지는 왜 다를까
육체는 늪 속에 허우적거린다

냉정한 침묵

냉정한 침묵은 거리를 둔 전쟁이다
다툼으로 대화가 없는 침묵이다
반성 없는 혼자의 시간이다

서로 내적 주파수가 없는 이방인이다
끈이 떨어진 자체이다

냉기가 최고로 오르면
온기가 넘어오지 못한 장벽이다

주파 메아리를 맞추는 중이다
온기가 사랑의 주파수로 오면
끊어진 대화가 열린다

침묵과 대화는
자주 일어나는 인생사인 것 같다

냉정한 침묵은
더 높은 사랑의 메아리가 올 때까지
어두움으로 가려진 장막 속에 머문다

단풍의 슬픈 소리

여름 내내 즐거운 하루
차가운 이슬이 찾아왔다

즐거운 행복과 사랑을 접고
남겨두고 떠날 채비를 하라는
경고에 옷을 새로 단장한다

떠나는 시간에 억센 바람
하늘 높이 서 있는 나무는 이별을 준비한다

그들의 이별 시간은
우주의 시계이다

참 어쩔 수 없는 순리에
단풍은 소리 없이 순종한다
들아오지 못 할 이별을 알면서

떠나가는 아스펜 나무

아름다운 둥근 식탁에 앉으면
창 넘어
앙증 맞은 예쁜 아스펜 나무가
나를 마주보고 웃는다

식탁에서 즐거운 만남이며
사랑스러운 인사를 한다

너처럼 청순한 자태와
웃는 얼굴로 살고 싶다

언제부터인가
너는 슬픔과 고독으로 외로워 보였다
무표정과 외로움에 서 있었다

하루하루가 다르게
모습은 초라하고 웃음은 사라졌다
안타까운 마음으로
창 넘어 슬픔으로 바라본다

참 아름답고 젊은 네가
말라가는 피부와

물기 없는 얼굴을 바라보는
심정이 안타까웠다

왜 떠나는 준비를 할까
바라보며 눈시울을 적신다
너무 빠른 이별이다

사계절의 섭리이다

만경강 들녘

작은 키 코스모스들이
흔들거리는 만경강 둑 들녘은
철새들과 농부들의 일터이다

황새 백로 검은 외가리 회색 외가리들
개천 오솔길 걸으면
억새와 갈대 평원이 펼쳐진다

둑방 오솔길 넘어
황금빛 들녘에는
추수하는 농부들의 웃음소리가 퍼지고
다리는 하얀 갈대 숲을 가른다

전주천과 만경강 만나는 곳
정자나무 집은
가을의 만취에 쉬어가는 쉼터이다.

추수하는 계절이다
가을의 행복이다
황금 들판에 협주곡이다

방황하는 영혼

방황하는 영혼은 물에 머리를 적시고
파도가 들려오는 갯벌을 헤맨다

슬픈 마음은 침대 위에
자리를 펴고 누웠다

눈은 좀처럼 보이지 않는
어두운 터널 속에 갇혀 있고

몸은 묻혀 있는 자세로
태풍 속에 캄캄한 하늘을 노려본다

멀리서 나를 부르는 소리가
잠든 영혼에 속삭임으로 자주 부른다

데려갈 차례가 되었다고
방황하는 영혼이 깊은 늪 속에서 탈출한다

부부의 불평

황혼 결혼 생활에
부부는 다툼과 불평이
오래 밥 지은 솥뚜껑에 쌓여 있다

누구나 오래 살아오면
반드시 찾아오는 관계이다
한쪽 승리로 아니 팽팽한 긴장으로

당하는 쪽이 포문을 열면
공격당하는 쪽은 깊은 늪 속에 헤맨다
이해와 사랑이 존재하지 않는다

애절한 감정과 사랑은 사라지고
때 묻은 오랜 상처와 나쁜 기억 안에
늙은 고목의 얼굴과 몸이 서 있을 뿐이다

애절한 사랑의 향기와
육체의 싱그러움은 없어지고
남남으로 바라보고 있다

오직 늙은 두 고목이 상존하며

자기 영역의 침범을 경계한다

다가오는
황혼의 삶과 생활에 찾아오는 침범자이다

사랑의 소리

가슴 찡한 전율로 요동을 친다
많은 사람들을 중에
그녀만 생각하면 가슴이 뜨거워진다

사랑은 오래 참고 인내한다
쉽게 이룬 관계는 사랑이 아니다
지나가는 아름다운 인연이다

연민과 가슴이 열리는
오랜 시간 위대한 작품이다

사랑은 닫혀진 상자 속에
잠든 상태로 머물고
또다시 두드려 본다

오늘이 아닌 내일의 사랑을 위해
사랑의 서사시로 유혹하며
닫혀진 상자 문을 열어야겠다

석양을 바라보며

노란 바람이 찾아올 때
석양 노을은
산등선 위에 서성이며 외로워진다

활짝 피었을 때는
영롱한 주홍색으로
소녀의 살결 같더니
떨어질 때는
어두운 숯처럼 검어지는구나

어머니의 손처럼
검은 주름더미가 가득하여
어머니 사랑의 저녁밥이 그리워진다

저무는 너를 바라보며
어머니가 그리워
떠나는 석양을 가슴에 앉고 서성인다.

선잠

자물쇠 같은 무거운 눈
어둠 속에서 나를 본다
더 가깝게 보기 위해 스탠드 불을 켠다

희미한 어둠
안갯속 같은 솜털 머리에
생각이 잠깐 헤맨다

불을 켜니
눈이 피곤하며
머리가 장막을 친다

더 자야겠다

안갯속 생각과 삶의 피곤이
타협 중이다

사랑스러운 나를 발견하자

세월이 가면

어두웠던 어제와 오늘
내일의 희망이 보이지 않는다

오늘의 희망은
시간 앞에 무너져 간다

시작이 있으면
끝은 하늘거리는 등잔불이다
폭염 용광로 속으로
흐르며 누워있다

새로운 세월 오고
이별로 사라져 가는
가시처럼 외로운 역경

어두운 폭력에
새로운 밝은 문으로 떠나고 싶다

아쉬운 이별

멀리서 망설이는 석양은
산등선에 걸려 잠시 머물고

새들은 바삐 석양을 떠나
남쪽 어디로 훌쩍 날아가고

하루 어두운 창을 내리기 전에
아무도 없는 홀로 의자에 기대어
하늘이 잠시 만든 동양화를 본다

오늘따라 석양은 기다란 선을 그리며
애처롭게 쌀쌀한 눈으로 내려본다

석양이 산등선 넘어 떨어지면
약속 없이 사라지는 모습에
아쉬움의 이별로 눈을 감고
서쪽 하늘을 멍하니 바라본다

여로-II

흩어지는 머리카락
서로 엉키고 헤쳐가고

시간은 뒷걸음쳐
잊었던 옛 일들을 생각게 한다

갈대는 죽음의 바람 따라
흔들거리는데
세상은 정적이다

멀리서 들려오는 밀어와 새 소리는
삶의 길을 안내하며
명상에 젖는다

힘내라
거친 파도를 안아보자

여름의 장막

어두움이 깔린 새벽
옆집 닭 소리 울리기 전에
누워 잠을 설친다

못다 한 일들을 내일에 미루고
잠시 나 자신의 시를 읽는다

창 넘어 서편 죽어가는 아스펜 나무를 보며
내 나이도 해 저무는 서편에 있는데
못 이룬 사랑의 아쉬움이 서려 있다

목발로 지내는 한여름
뜨거운 햇볕 속
바깥 하루는 무기력함에 떠날 줄을 모른다

뜨거운 폭염과 장맛비에
정원 가로등 무서움에 떨고 있는 밤

못 이룬 아쉬움에 몸을 낮추며
눈을 들어 하늘을 바라본다

오사카 성

인간 극치의 야망이며
한없는 권력의 장소이다

정벌과 살생의 오사카 성은
역사의 뒤안길에
위대한 폭군 모습으로 서 있다

잠든 위령의 소리가
바람의 깃을 따라 들린다
가는 곳마다 보는 곳마다

폭군의 점령자는
무엇을 희망하고 가졌을까
아니 떠나는 삶이 두려웠을까
도전이었을까

오사카 성
지하 작은 방에 갇혀 있는
사백 년 동안 한이 서린 바람에게 물어본다.

전쟁 난민의 고통(팔레스타인 난민)

창가에 상처가
서리처럼 붙어 있다
고통스러운 눈물이 고드름처럼 내려져 있다

하루하루 삶 속에
솟구치는 고통이
심장 깊이 자리 잡는다

가슴과 심장 속에
파고드는 칼날 같은 아픔이
오늘도 떠나지 않는다

슬픔의 홍수로
눈이 하늘로 응시한다

고통스러운 상처의 고착화
헤매는 밤
새벽이 오기를 기다린다

전쟁 없는 아침을 빌며
기도 속에 눈을 감는다

지평선 들녘에서

추수 후에
지평선 들녘은
하늘과 땅이 맞닿아 서로를 포옹한다

11월 오후
이루지 못한 일과 배고픔으로 바라보면
결실과 풍성으로 기쁨의 잔치이다

다가오는 11월
텅빈 들녘에
언제나 내줌과 안아주는
조건 없는 사랑으로 다가온다

다 이루지 못한 올해가
저문다 해도
지평선 들녘은
나를 버티게 하는 힘이다

겨울이 지나면
봄이 다시 오기에

집 앞 우체통

집 앞 우체통이 묵묵히 서 있다
새들의 노래 터 쉼터이다

우체통 안에는 희로애락이 있다
매일매일 찾아오는 소식은
오늘 역사의 현장이다

글자로 오는 어제와 오늘이며
내일의 가늠자이다

새들의 쉼터 속에
나의 희로애락이 들락거린다

내일의 현장은 우체통이다

좋은 소식을 기다린다
내일의 희망과 바람이다

새들이 잠시 몰려와 왁자지껄 노래를 한다
좋은 소식이 온 것이다

우체통을 열어 본다
사랑의 엽서가 반기며 웃는다

피로

책상에 눈이 떨어지면
눈이 흐리다
몸은 비비꼬인다

머리는
노른자 없는 달걀처럼
허공에 둥둥 떠 있다

어느 날 오후
뜻밖에 찾아온 불청객은
피로 그물 안에 가둔다

그리고 수갑을 채워
잠 속으로 데리고 간다

한여름 하루

어두운 이른 새벽
여명이 오기 전에 눈을 비비고

못한 어제의 일들을
회상하며 잠시 눈을 감는다

창 넘어 서편 언덕
죽어가는 아스펜 나무 보며
눈시울로 마음이 흐렸다

집안에 지내는
한여름 뜨거운 햇볕 속에
바깥 하루가 무기력함으로
떠날 줄 모른다

뜨거운 폭염과 장마에 가로등이
정원 불빛 아래
무서움과 두려움으로 견디는 밤

여름 하늘 별들을 바라본다
아름다운 놀이터이다

한강 II

온 세상이 잠들고
하얀 서리 내리는 한강에 가면
작은 소리가 들린다

소리를 찾아가 보면
아주 작은 냇가에 연못이 있다
역사의 한 모퉁이가 머무는 곳
한성과 서울이 머무는 곳
구시대와 현재가 머무는 곳
슬픈 과거 회상하는 곳이다

역경과 환희의 가늠자
역사의 한 모퉁이가 머무는 곳이다

물은 흐른다
한강의 유유한 모습이다

오늘 단비가 오려나
상류에서 하류로
아주 작은 호수가 있다

잠든 새벽 서리가 내리면 소리를 한다

헤매는 밤

눈 방울 냇가에 뿌려지고
바위 침묵 속에 눈을 감고
마음 먼 하늘에 헤맨다

젖은 몸 까마귀 마냥 헤매고
배고픈 날이 많아진다

별들은 모조리 하늘 높은 장막에
숨어버리는 밤
별 하나 슬픔에 홀로 깜박이네

마음은 끝없이 높은 곳으로
돌아가기 싫어서
눈 오는 저 하늘에 길이 없어도
눈 보라 불어 눈물납니다

혹독한 여름

여름은 폭염과 장마로 재앙이다
산들은 화마로 모든 것을 태웠다
창밖은 죽은 회색으로 뒤덮고
숨은 죽음의 냄새로
눈은 잿더미 하늘을 응시한다

여름은 좀처럼 떠나지 않고
지쳐 쓰러지고 고통의 아우성이다
그래도 이른 국화는 꽃망울 준비를 한다

건조한 바람이 스쳐 갈 때는
7월이 가고 복숭아 익어가는데
폭염은 자리에서 떠나지 않는다

대지는 가을의 비를 기다리며 지쳐 있다
2024년 혹독한 여름을 보내자

홀로 옷깃을 흔들면

흔들리는 영혼 나뭇잎
소리가 들린다

떠나는 준비인지 아쉬움인지 모른다
흔들리는 소리가 없다

깊은 심연 속에서
나뭇잎만 소리 없이 운다

한쪽 팔의 옷깃을 흔들면
다른 한쪽은 서글픈 눈으로 보고 있다

가을의 저녁 비가 내렸다
나에게도 새벽 비가 내렸다

창가에 홀로 선 아스펜 나무가 있다
가을의 시작이다

제2부
행복은 경험이 아니라 느끼는 감정이다

Eco 호수 II

여인네 눈썹으로 달려 있는 호수는
굽은 푸른 하늘과 예쁜 눈을 가졌다

Mt. Evans 산 허리 중턱에
은빛 Eco Lake 호수는
여인들의 방문으로 떠날 줄 모른다

하늘이 보낸 만년설 내림이
현재가 아닌 애원의 눈물로
자리 잡은 하얀 진주빛 호수

Eco Lake 는 과거의 회상이 눈물이 되어
모든 여인들을 맞고
여인들은 떠날 줄 모른다

회억 속에 예쁜 눈을 가졌다.

그런가 보다

흐트러진 머리는 갈대숲이다
초점을 잃은 눈은 석양의 구름 같다
자라 같은 얼굴은 오래된 아스팔트이다
멍 때리는 머리는 안갯속이다

햇볕은 구름 속에 잠들고
대지는 소리 없는 공허 속이다

새들은 어디론가 날아가고
우뚝 선 소나무는 외로워하고
정원들의 꽃들은 향기를 접는다

인생의 황혼은 늙은 노새 같이 느리다
가까운 친구는 먼 거리에 머물고
늘 만나던 친구들은 소식이 없다

늙음은 외로운 구도자
그런가 보다

꽃 속의 대화

꽃과 대화하고 싶다
침묵의 아름다움에 매료된다

꽃 속에 신비한 대화가
귓가에 마주치면 나는 매료된다

꽃의 황홀경 자태
하늘을 영혼으로 바라보면
천상의 조용한 소리에 매료된다

꽃들의 대화 상대는
아침 일찍 찾아오는
나비인가 보다

아름다움과 환상적인 새 옷을 입고
찾아오는 나비들은
꽃 속 입맞춤과 사랑의 대화이다

보고 있음이 부럽다
대화보다 더 진한 사랑의 행위이다

낙엽의 소리

푸른 옷으로 청춘을 살았던 너
소리 없이 숨 죽여 떠날 준비를 하는구나

창밖에서 들려오는 이별의 소리
귓가에 들려 잠을 설친다

슬픔의 떠나는 소리에
오밤중 너의 안타까움에 창문을 열었다

끝없이 내려 앉는 낙하소리
잠을 설치고 아침을 맞는다

낙엽들이 소리를 멈추고
천사의 옷을 입고 누워있다

가을은
이별의 낙향으로
안타깝고 허무한 계절이다

망설임

망설임은
머리의 정지이다

망설임은
동작의 멈춤이다

망설임은
눈의 흔들림이다

망설임은
다음 단계로 가는 준비이다

망설임은
마음과 행동의 교차점이다.

백일홍 웃음

어느 날 오후 창 넘어
뜨거운 태양 아래
백일홍이 붉은 얼굴로 무리를 지어 웃는다

무서운 기세로
마음 안에 들어오면
누그러진 몸은 요동을 친다

백일홍 옛 사랑이 있는 것처럼

가시 같은 옛 추억 아픔에
잊어버린 망각으로
백일홍 웃음 그대를 묻고
심장 요동으로 붉은 옷을 입힌다

옛 사랑이 그리워진다

비가 오는 밤

어두운 밤에 비가 내리면
장막 속에 모두 눈을 감는다

무거운 머리는
힘든 삶을 포기하고
잠시 휴식을 한다

어두운 비 공간에서
잊었던 사랑을 되새기며
되돌아본다

비가 오는 밤이면
고달픈 삶을 내려 놓고
상념 속에 헤맨다

내일의 희망을
꿈꾸며

내일의 두려움을
잊은 채

삶의 전망대

어머니는 그리움이다
아버지는 슬픈 이별이다

그리움은 가슴에 살고
이별은 머릿속에 있다

그리움은 가슴에서 피어나고
이별은 눈에서 눈물을 적신다

할머니는 머리에 머물고
할아버지는 망각 속에 머문다

나는 살아 숨쉬며
돌아다니는 전망대이다

따스한 봄바람이 불면
그리움과 슬픔으로 교차한다

어머니 가슴

어머니를 보았다
천사 같다
다가옴에 안겼다

젖 냄새가 난다
옛 고향에 왔다
어머니 가슴은 황홀경이다

그리워하며
눈을 떴다

연민 외출

가끔 연민이
밖으로 외출하며 서성인다

짝사랑
그리움
보고픔
꿈으로도 찾아온다

오랜 기다림에
연민이 슬그머니 옆에 서성인다

오늘 꿈속에서 만나자고
밀어로 속삭이며
부드러운 눈길로 다시 떠난다

그가 어떤 선물을
가지고 올는지
행복의 기다림이다

자유와 희망

자유와 희망 옷을 입은
팔랑개비가 정원 바깥에 우뚝 서 있다

바람의 소리가 들리면
자유는 위에서 평화는 아래에서
기쁨으로 회전한다

못된 나무 하나가
침범하면 힘없이 서 있다

힘센 평화 바람이 불어오면
하늘과 세상은
자유와 희망이 시작된다.

청여(아침 이슬)

깊은 산속 암자 동백나무
깨어나기 전에 청여는
조용히 사뿐하게 동백 잎에 내린다

어린 동자 세수하러 오면
어제의 세속 잡티를
촉촉한 예쁜 손으로 내리는 그녀

새들의 소리와
바람의 흔들림에
화들짝 놀라
내일 다시 오리라 미련 남기며
자취를 감춘다

절뚝거리는 오리-11

오후 해질 무렵 사무실 파킹장에
절뚝거리는 오리가 나타났다

한 다리에 의지해 가는 오리
쉼터를 찾는다
몹시 피곤한 것 같다

같이 동행하는 오리

무심히 보고만 있다.
손이 없기에

걸어 가다 쉬고 두리번거리며
처다 보는 눈이 참 애처롭다

우리의 인생도 그렇다

움푹 빠진 물 웅덩이에 쭈그려 주저앉는다

우리 부부도 그렇다

오랜 삶과 사랑의 인연은 깊은 마음 가슴속에 자리잡아

서로를 감싸고 동행한다

절뚝거리는 오리가
우리 부부를 가르친다

나는 구도자의 마음으로 음식을 땅에 내렸다
주저 없이 다가와 먹는다
참 지친 얼굴을 보았다

부부 오리는
어떤 역경에도
평생 이혼 없는 지구상의 유일한 배필이다.

접시꽃 옆에서

뒤 정원 낮은 담장 옆
해마다 하얀 접시꽃이 핀다
꽃은 위아래로 층계를 이루며 핀다

그래 그러려니 하며
매년 쳐다보며 지나쳤다
버림받은 셈이다

하루 한날
앞 정원 계단 옆에
어린아이 접시꽃이 이사를 왔다
참 이상한 일이다

무관심 속에 꽃은 자라
층층으로 하얀 웃음으로 활짝 꽃을 핀다

지나가는 이웃들에게
귀여운 자태와 눈웃음으로 인사를 한다

무관심한 나의 마음을 보듯
집 앞 계단에서 인사를 한다

접시꽃 옆에서 못내
미안한 마음으로 앉아 대화를 했다

추수 감사절

즐거운 나눔의 연휴
만남과 음식으로
사랑을 나누는 작은 식단이다

옛 선조들
역사를 돌아보는
기억하는 축제이다

온 식구들과 지인들이
일터에서 얻은 추수를
자축하며 나누는 감사의 잔치이다

멀리서 온 아들 딸의 귀향은
기다리는 엄마의 즐거움으로
하느님께 감사와 풍성한 사랑이다

친구

소식이 있으려나
기다린지 오래
무소식이 희소식이다
그래도 걱정이다

오늘 소식이 없으면
내가 먼저 연락을 할까

얼굴을 그려본다
눈, 코, 입, 머리 순으로
세월 앞에 허물어져가는 모습에
안타까움으로 새로움이 없다

뿌리를 깊게 내린 우정 퇴색되지 않고
더 깊어지는 뜨거운 심정으로
소식을 기다린다

친구야 보고 싶다

텅 빈 머리

내 머리에 바람 들어와
텅 빈 모기장 같다

무거움으로
버리는 중이다

늙음으로
말라가는 중이다

한여름 푸른 나무들
가을이 오면
홀로 벗은 몸으로 서 있듯이
따라가는 중이다

이른 봄에 나무
푸르름으로 여름이 오지만

텅 빈 머리는
반대로 가벼워진다

하얀 서리

대지와 나무에
차가운 서리가 내리면
동작을 멈춘 부동자세
하얀 물감의 세상이다

어제 나무 위에 놀던 새들
어디론가 떠나고
담벼락 양지쪽 피어나는
히아신스도 포로가 되었다

하얀 서리가 내리면
정제된 삶의 교훈이다
침묵과 명상의 시간이다

온 대지가
정막으로 정지된 하얀 대지에
영혼이 내려 하얗게 물든다

한 번쯤

햇볕 지루함에 늘어지는 오후
확 휘어진 냇가를 걷다가
혼자 외로이 서 있는 갈대꽃을 본다

바람도 햇볕같이 늘어져
갈대는 우뚝 서 있다

휘어진 삶의 냇가의 길
바람부는 생활의 길
인생의 오후가 걸려 있다

한 번쯤
갈대가 되고 싶다
바람부는 데로 휘어져 가고 싶다

그래야 살 것 같다

행복과 고통의 교차로

일상은 고통스러움이 대부분이다
고통스러움 안에 가끔 행복이 찾아온다

반복되는 일상 생활은 지루함
행복해 하지 않고
새로운 것들에 행복함을 느낀다

늘 먹는 음식은 습관적인 것이요
후식의 아이스크림 행복감을 만끽한다

역사를 뒤돌아보면
우리는 변함이 없었다

권력자와 부자들은
양심을 묻어둔 채 살아갔다

인문학적인 인성이 유전되지 않기에
현재 삶은 고통스러움 속에 헤맨다

그래도
뜻하지 않는 행복이 가끔 찾아온다

현상과 현실

하늘 기운 내려와
방을 감싸는 침대 위
눈을 뜨면

현상과 현실이
나를 가두고

창밖 세상과 대지는
기쁨과 설렘으로
우리를 맞는데

이웃의 가난과 고통은
바로 옆에 웅크리고

버려진 늦 가을 국화 꽃처럼
향기를 잊은 채 서 있다

혹독한 낙엽의 이별 11

산 모퉁이 언덕 나무 숲에
가을이 찾아오면
나무 잎 하나 하나 서러워한다

푸른 소나무는
늙은 때를 벗기며 처연히 맞이한다

쓸쓸한 이별
서러워하는 나무는 단풍으로
옷을 갈아입는다

고요한 숲 속에 홀로 서서
방문객 떠난 외로움
고추 잠자리 한 마리가 다녀간다

바람 가끔 찾아와 살피고 간다

찬 바람의 찾아오면
서러운 이별 눈물 말라 낙하하며
고향을 떠난 이웃 낙엽들과 땅에 내린다

아!
가을은 풍성하면서 혹독한 이별이다.

6월 행진곡

목련꽃이 피면
정원은 아름다운 6월의 잔치이고
목단꽃이 큰 얼굴로 웃으면
화려한 6월의 행사이다

새들과 나비들은 새로 태어난 식구들
축하 상견례하는 장소이다

태양은 무심히 바라보다
강한 사랑을 내리고

담장 위에 서성이는 다람쥐는
발걸음 멈추고 새로운 식구들
모두에게 인사를 한다

6월의 행진곡
모두가 사랑을 나누는 환희 잔치이다

가 보려나 II

늘 준비하고 있었다
언제 가려나

만남과 이별은
살아있는 생명들의 순리이다

만났으니 가 보려나
죽음은
떠남도 만남도 없다

준비하고 있을까
그대가 좀 늦게 오기를
못다 한 사랑과 나눔을 다 마치도록.

가을이 오는 소리(송광사)

송광사 냇가 물에
가을 단풍 잎 떨어져
형형 색색으로 물을 덮는다

오랫동안 떨어져서 말 못한
사연을 물속에 담고
서로를 가슴과 몸으로 이야기한다

멀리 가까이 바라보았던
이웃 푸른 옷들이
아름다운 단풍으로 내려
서로 떠날 인사를 한다

아름다운 단풍은
냇가의 물속에 잠들고

우리 내 인생
외로운 산천을 홀로 남겨둔 채
만남 없는 여행길을 떠난다

고통아 떠나라

고통아 떠나라
나의 삶 속
가끔 찾아오는 기쁨이 있으면 족하다

아픔아
떠나라
너까지 찾아오면
죽음의 문턱이다

가시 같은 눈물이 난다
온몸이 슬픔이다
죽음 전에 고통이다

고통아 떠나라
삶 속에 괴로움으로 족하다
기쁨 한 순간을 더 보내 주렴

교차로

마음은 여전히
18세 청춘인데

몸은 퇴행하는
교차로에 늘 서성인다

국화꽃 해마다
피고지면
육체는 교차로에 돌아와 서 있다

생물과 동물의
이별하는 교차점이다

세월의 가을 앞에
머리는 더디게 서성이고

몸은 두꺼비 피부처럼 닮아가고
머리카락은 하나 둘 하얀 색으로
겨울 맞을 준비한다

교토의 게이샤 거리

비 내리는 게이샤 거리
숨 죽인 정막
늙은 집들이 하루를 맞는다

슬픔 안에 화려함으로
찾는 이들에게 노리개가 되어
비 내리는 거리는 한이 서린 눈방울이다

방문객들은
비에 젖은 거리를 서성인다
게이샤의 환상을 그리며
비에 젖은 집들을 노크한다

게이샤 없는 거리
방문객들은
자신이 게이샤가 되어
각자 삶 속에서 잠시 착각을 한다

화려한 게이코
그리고 슬픔 속
방문객들은 회억 속으로 눈을 감는다

그리움

아주 먼 데서 날아온
젖은 바람이
소리 없이 가슴에 내리면

그리움은
혈관을 타고 심장에 멈춘다

눈 내리는 밤에
촛불을 켜고
창밖 푸드덕거리는 소리
심장에서 품어내는 그리움이다

촛불 녹아 흘러내리는 눈물
가슴에 담아 내리면
심장은 휴식에서 깨어난다

그리움으로
촛불은 밤새 흘러내린다

너를 보내도

너를 오늘 보내도
언제나 오늘 같은 마음으로
다시 만나리

네가 어떤 모양으로 변해도
오늘 같은 자태로
다시 만나리

네가 나를 버릴지라도
오늘의 마음 같은 영혼으로
다시 만나리

오늘의 기억은
너와 나를 이어주는
생명 같은 사랑이야

너를 오늘 보낸다 해도

늙은 수다쟁이

그녀는 수다쟁이
늘 불평하는 노끈이다

언제나 묶으려 하지만
묶는 순간에 끊어진다

노끈이 더 길어지고
서랍 안에서 노려본다

서랍 열쇠를 만들어
가위로 절단해야겠다

사랑과 연민 남아
이해심으로
그녀는 늙은 수다쟁이다

록키 산의 가을 사슴

하늘은 푸른 도화지 같고
가을 높은 산 등선
서 있는 그대는 참 풍성한 몸매이다

멀리서 온 방문객들 손 흔들림에
눈을 들어 영산 눈으로 응답한다

평화로운 오후 멀리서 온 여행자
태양은 저만치 서서 같이 한다

누런 초원과 노을이 서로 다투어
불바다처럼 대지가 석양에 절정이면
산등선 사슴도 바빠진다

초원이 추운 잠 속으로 가기 전
태양은 대지를 내준다

사슴 고개를 들어 여행자에게
무리를 지어 이별을 고하며
자리를 떠난다

다니엘에게 11

다니엘
가을의 낙엽 소리가 들리는가

창밖
나무와 잎의 아쉬운 이별의 슬픔을 보았는가

차가운 청녀가
이른 아침 살포시 문 창에 내려옴을 보았는가

하늘이
푸른 도화지 종이처럼 멀리 걸려 있음을 보았는가

귀뚜라미
떠난 동래 산 언덕이 누렇게 물들임을 보았는가

고추잠자리
힘찬 고공과 저공으로 인사하고 떠남을 보았는가

떠나는 쓸쓸함으로
온 대지가 슬픔을 뿜어냄을 보았는가

인생은
잠시 예쁜 정원에서 놀다가
언젠가 떠나야 할 소풍이라네

아름다운 사랑으로
정원에서 만나세
다니엘

병상의 대화

아픔은 외로운 자신과
죽음 전 고통스러운 대화이다

하루 하루 일상은
허물어지고 의지에 기대어
외로운 무인도 섬이다

무인도에 찾아오는 배들은
다시 귀향하건만
떠날 수 없는 무인도에
아픔을 땅에 묻고
언제나 떠나려나 애원한다

무너지지 말아야지
아픔과 간절한 대화로
치유와 사랑의 언어로 속삭인다

아픔을 껴안은 자세로
내일 출항 스케줄을 짜는
가까운 애절한 대화이다

사랑의 꽃

슬픔이 솥뚜껑에 내려
너덜너덜 누워 있다

죽음이 생각나면
저 옆길에 홀로 피는 국화를 보라

죽어서 새로운 길을 찾아
하늘의 길을 걸어가는 중이다

백합 꽃을 떨뜨리면
순수한 사랑의 내 모습이고

백일홍이 피면
변치 않는 그대를 사랑하였고

동백꽃이 길가에 피면
그대를 사랑하는 마음으로
다하지 못한 붉은 피를 토한다

너의 분홍색 귀는
황홀한 사랑에
모세 혈관과 심장 박동으로
라일락이 피고 있다

삶도 그렇다

바람이 호수에 찾아오면
잔잔한 파도를 일으킨다

이른 아침 해돋이 호수에 찾아오면
하얀 안개로 세수를 한다

햇빛이 호수에 내리면
물고기들이 하루를 시작한다

석양이 호수에 비추면
황금 주황색 동양화를 그린다

밤이 호수에 오면
어두운 적막으로 눈을 감는다

별빛이 호수에 찾아오면
밤 우주의 세상이 열린다

달빛이 호수에 내리면
평온한 삶으로 입을 맞춘다

호수가 그렇다
삶도 그렇다

삼선 간짜장

중국 식당에 갔다
오랜 친구가 보고 싶었다
삼선 간짜장

어떻게 생겼을까
어떻게 변했을까
기대하며 기다렸다

펑퍼진 아줌마 엉덩이에
예쁜 차례로 가지런히 누워 웃는다
변하지 않는 모양이다

아가씨 같은 얼굴
파티 같은 옷차림으로 맞이한다
중국, 모국, 멕시코, 노르웨이서 왔다

옆에 작은 꼬마 얼굴
노란, 하얀 총잡이가 파수꾼으로 경비를 하며
분위기를 잡는다

어찌할까

미안한 마음으로
원형 궁둥이 아줌마 얼굴에
멀리서 온 아가씨들을 내려놓는다

파티 시간이다
입술은 그들의 얼굴에 키스하며
혀는 오랜 친구와 해후를 한다

노란, 하얀 파수꾼은 벌써 취했는지
혀 속에 현몽을 한다

오랜 친구가 좋다
그대는 그대로이다
나만 소식 없이 살았다

비보의 슬픔

슬픔이 눈 뚜껑에 내려
두껍게 거칠게 자리를 잡았다

눈물 마르고
충혈된 초점에 깜깜하다

심장 두근거림은
서서히 느리게 흐느적거린다

비보의 글은
눈앞 아무도 없는 텅빈 길에
고개를 든 채 누워 바라본다

비보의 소식은
슬픔으로 영혼을 삼킨다

이름을 남기고

모두 떠난 오솔길을 걷노라면
외롭고 쓸쓸한 생의 발자취를
땅에 내리며 그려본다

말없이 주기만 했던 나무는
베풂으로 오래 머물었고

자생을 위해 살았던 동물은
먹이 사슬로 어려운 생을 보내고

아름다운 삶을 살았던 사람은
후대에 이름을 남긴다

나무는 흔적 없는 재를 남기고
동물은 추악한 뼈를 남기고
사람 역사의 혈맥에 이름을 남긴다

더 이상 자신 안에 머물지 말고
청명한 호수에서
사랑의 잔잔한 파도로
하늘에 세 글자 이름을 새기자

온천 거리(교토)

옛 교토 산에
뿜어내는 물줄기
애절한 소리 내며 흐른다

거칠어진 냇가
옛 더러운 때를 씻어 내길 원한다

오래된 피를
무서운 소나기 씻어낸다

관광객들은
오래된 자취를 보며 북적거린다
산천은 옛 기억을 간직하고
인걸은 떠나 흔적 속에 잠들고 있다

옛 사무라이 게이샤
막부 정치인들 사라졌다

온천에 몸을 담그고
더러운 역사와 회억 속으로

잠시 눈을 감는다

한서린 위령의 소리가 서글프다

짝사랑 정수

내 가슴에 문뜩 찾아오는 정수
말도 손목도 잡아보지 못했던
사춘기 시절의 첫 어린 아가씨

묻혀진 지 오랜데
가슴을 두드리는 것일까

하얀 종이 위에
한 점 없는 빈 종이인데
가끔 찾아오는 것일까

손녀 딸 같은 오래전 나이
반세기 넘어선 지금
왜 가슴을 두드리는 것일까

가슴 속 빗장을 열어
영혼 속에 아름다운 꿈에
살고 있는가 보다

하얀 종이 위에 그려진 정수

청여와 잎

여명 전에 사뿐이
청여가 안개 내려
나뭇잎 위에 자리를 편다

햇살이 오기 전
그대와 같이 있게 해다오

언제나 햇볕이 찾아오면
못내 아쉬움으로
너와 나의 애한의 이별이다

나의 심장은 마르고
못내 서러운 사랑에
화려한 단풍 옷으로 이별을 고한다

가을의 망령이 기다리기에

초가집 동네

산 너머 굽이굽이 길 따라
초가집 찬 서리 내리고
먼 하늘 바다 건너 돌아온 제비
고요한 동내 요란스럽게 지저귄다

새벽 정적 늦잠 자던 홍초는
제비소리 눈을 뜨고 인사를 한다

담장 옆에서 꿈질거리며 마당에 나온 지렁이는
칼날 같은 속도로 땅속으로 몸을 숨긴다

태양이 쉬어가는 산 너머 굽이굽이
하루의 사랑을 못내 아쉬워 하며

석양 초가집 동네
잊지 못 할 무지개 노을 만든다

선한 사람들이 모여 사는
초가집 동네이다

추억의 먼지

시간은 두꺼운 껍질 속에
추억의 먼지가 잔뜩 끼었다

기억은 수레바퀴 속에
검은 때로 묻혀 있다

오늘의 시간은
무거움에 삐꺽 덧 걸인다

옛 추억에는 먼지가 많다
검은 때가 묻혀 있다.

코스모스 환영식

산길을 걷다가
활짝 꽃길을 걷고 싶다

코스모스가 길 옆
환영해주는 가을의 꽃길
마음을 설레이게 한다

청순하고 어린아이 같은
미풍 바람이 불면
한없는 웃음과 향기로
눈을 뗄 수가 없다

혼자 핀 코스모스 외로워도
양 길 옆에 서열 한 자태
천상을 인도하는 가을의 환영식이다

코스모스 길를 걷고 싶다.

제4부
성공한 인생

10-4 인생사

삶은 야구장
투수와 타자 싸움이다

날아오는 볼Ball중에
번개 같이 골라 선택해야 하는 타수이다

우리 삶 대인관계도 볼Ball이 많다
잘 골라서 사귀라

예수님도 모두를 사랑하라 않으시고
서로 이웃을 사랑해라 했다

마음 드는 사람을 사랑해도 힘든다
안 맞는 사람의 머리에 꽃을 달아주고
그리고 버려라

개미도 열 명 중에 2명만 일한다
우리네 인생은
4명만 있으면 성공이다

가을 천상의 꿈

푸른 하늘과 산등선
사이에 흰구름이 떠
어디론가 가고 있다

푸른 나무들은
하늘 높이 마중을 한다

구름은 어디로 갈까

하늘 멀리
백마의 깃털을 달고
달려오는 하얀 천사들
평화로운 천상의 그림으로 영혼을 적신다

삶을 멈추고 잠시 바라볼 뿐이다

아름다운
천상으로 날아가 본다

가을의 이별-2

하늘은 높고 하얀 천사 구름에
바람은 잠시 창공을 보며 잠들고
하얀 구름 속으로 날아가는 기러기

언제 오시는지
소식도 없이 서둘러 떠난 님을 그리며
텅빈 오후의 가을

낙엽은 이별의 애한을 목소리 품고
한 잎 두 잎 텅빈 벤치에
내려 자리를 채운다

형형색색 단장한 낙엽은
텅빈 슬픈 가슴으로 땅에 내려
멀리 떠난 님의 길을 다시 바라본다

석양은 산등선에 걸려
황금 주홍빛으로 떠난 님의 길에 서성이며
하늘에 붉은 호수가 걸려 있다

저무는 이 가을에
님은 소리 없이 떠났다

공원 속에 하루

오늘은
산새들과 사슴이 머무는
Cherry Creek Reserve 공원을 걸어 가고 있다

하늘은 서편 록키산맥에 걸려
생동하는 분홍색 산수화를 그린다

새들은 또 만나 이야기하고
올빼미는 나뭇가지에 붙어 망부석처럼 잠을 자고

토기, 여우, 다람쥐는
눈 비비고 물가 호수에서 떠난지 오래다

동쪽에서 고개를 든 햇볕은 넓은 대지에
청순한 사슴들이 무리를 지어
아스펜 나무 아래 아침 식사를 한다

푸른 공원은
그들의 보금자리 놀이터이다
대지가 주는 조건 없는 사랑이며 배품이다

나와 같이 살고 있는 하루이다

국화꽃 이별

하늘에 하얀 구름
비행기 급히 날아가고
푸름은 더 멀리 떠 있고

구름은 어디론가 사라져
다시 안 올 것 같은
어느 날 오후

집 문앞
국화꽃 활짝 반가운 웃음으로
향수를 내뿜는다

노란 꽃들
진한 무리들 가을을 보내지 않으려는
짝사랑의 아쉬움이다

그들만의 진한 사랑의 표현이다
희망의 노란색으로 다시 찾아올
참 아름다움이다

금빛 이별

나무 숲에 아스펜 나무를 보았다
참 아름다운 자태이다

자세히 보니
금빛 날개를 달았다

가을이 오면
더 그렇다

어디론가 날아갈 모양이다
차가운 바람이 불면
금빛 나뭇잎을 땅에 내린다
고귀한 자태로 다가온다

꿈속을 걷다

저녁마다 찾아오는
꿈속 걷노라면

그리웠던 어머니도 만나고
옛 소꿉친구들도 만나고
첫사랑 애인도 만나고
낯선 사람과 만나고

아름다운 환상 속 길을 걷지
매일 밤
그리워지는 꿈속

단풍의 소리 II

푸르렀던 나무가
노란 예쁜 옷으로 갈아입는 계절

숲속에 살았던 잠자리와 나비
떠났는지 보이지 않는 오후

하늘은 코발트색으로
더 높이 떠 있고
양 길가에 코스모스
춤추며 미소 짓는 계절

나무가 노란 단풍
하나 둘 땅에 내리면

쓸쓸한 마음으로
화려한 단풍 거리를 걷는다

금색 단풍은 바람에
갈팡 질팡 거리를 뒹굴고

나 홀로 낙엽을 밟으며
못다 한 그들의 슬픈 소리를 듣는다

대나무 숲길- 치쿠린에서(교토 일본)

사무라이가 되어
어두운 비 젖은 대나무 숲에 서성인다

사랑과 화해 없는 자세로
하늘 높이 향한 대나무처럼
숲에 서 있다

대나무 휘지 않은 것처럼
무장은 살아가는 비정의 기사이다
오직 자아를 버린 충정이다

우울한 대나무 숲은
삶의 범주를 떠난 굳은 비장의 숲이다
한 시대를 지배하는 역사의 현장이다

인생의 좌표가 없는
하나의 노리개이다

슬픔의 한이 서리어 있는
대나무 숲은
비에 젖어 흔들리는 바람에
얼굴을 땅에 묻고 우리를 맞이한다
슬픔과 회억이 교차되는 곳이다

동장군 집 앞

여행에서 돌아오니
집 앞이 온통 눈사태로
동장군이 되어있다

땅과 콘크리트 바닥에
뿌리를 깊게 내리고
떠날 줄 모른다

강렬한 아교같이 얼어 붙어있다

텅빈 집을 내주지 않는다
아무리 빌어도 요지부동이다

동장군은
철통 같은 자세로 집을 지킨 것 같다
고마움을 전하니
햇볕이 따스한 웃음으로 잦아든다

된장국에 화분을 넣었다

된장국 그릇에
화분을 넣었다

어제는 소고기국이었다
오늘은 된장국이다
내일은 뻘건 육개장이다

어제는 떠나 보낸 소들의 흔적이요
오늘은 어머니의 간절한 사랑이고
내일은 두려움과 희망 갈림길이다
우리네 삶은
꽃가루 물고 오는 꿀벌처럼
화분을 영혼의 그릇 안에 넣는다

오늘은
된장국에 화분을 넣었다

모래밭에 사과나무

인생은
모래밭에 사과나무다
열매가 열린다

행복은
행동 아닌 감정을 음미하는 것이다

동정은 쉽고 동경은 어렵다
죽으려니까
세상이 총천연색이다

푸른 하늘 깨져
하얀 솜털 구름이 웃는다

생애는 기적과 같다
사람이 사람 사이에 기적이 있다
눈물 같은 하늘 기적을 보았다

꿈이 바다 바람처럼 밀려오면
너는 너를 믿는다
나는 너를 믿는다

모래밭에 사과나무처럼
사람은 사람 안에 기적이 있다

들녘의 사계절

가을의 들녘은
황금 옷 갈아입고
코발트색 하늘과 작별을 준비한다

추수의 들녘은
까까중 동자머리 모양 처럼
텅 빈 대지를 내어 준다

초겨울의 들녘은
하얀 서리 방문에
차가운 하얀 눈을 감는다

동장군의 들녘은
하얀 눈 두꺼운 이불로
생의 이별로 잠을 잔다

봄의 들녘은
애틋한 사랑으로 온 햇볕
새 생명과 푸르름으로
하늘과 입맞춤을 한다

봄의 첫 입김

바람이 지나간
허물어진 담장에
서리 얼은 봄꽃이 피었다

신작로 개울에
눈 녹아
미나리가 기지개를 켠다

하늘에 오랜 만에
구름이 찢어져
푸른 하늘이 웃는다

다시 찾아온 그녀의
설레임 첫 입김에
산 동네 따스한 사랑 녹아 흐른다

사랑의 교차로와 평행선

사랑은 쉬우나 매우 힘들다
짝사랑은 쉬우나
남녀 사랑은 단순하지 않다

삶의 교차로에서 만나
둥지를 틀면
발생하는 소음과 부딪침
수리사가 필요하다

양보 배려 희생 용서
그리고 부드러운 이해
주유소가 필요하다

육체 쇠잔해 오면
머리는 포기하지 않은 자존감
평행선을 걷는다

옛 추억 얼굴 주름
생활의 가늠자요

흰 머리카락이

하나 하나 일들의 추억이다

생활 교차로에서
배려 없는 삶과 고독
양보 없는 늙은 얼굴이다

삶의 시작

어두움과 환희 태몽 소리
새 탄생으로 삶이 시작된다

탄생 탄생 온 세상에 태어난다
식물도 동물도 인간도…

오동잎 이별을 아쉬워하며 바람 따라
길바닥에 내려 소리 없이 발길에 밟힌다
탄생과 이별이 오고 가는 길목이다

탄생은 비명과 환호성으로 알리고
이별은 소리 없이 침묵 속으로 떠난다

우주 탄생과 삶의 시작
먼 분만실에서 들려온다

새 한 마리

어느 날 저녁
새 한 마리가
현관문 위 세모진 자리에 둥지를 틀었다

사랑해서일까
그리워서일까
불빛이 좋아서일까

두려움을 버리고
찾아온 집 문 앞

뜨거운 짝사랑
가까이 보고 파
님 문 앞에 집을 지었다.

생각해 보니

생각해 보니
좋았던 시절이 있었다

생각해 보니
어린 시절이 있었다

생각해 보니
가슴이 찡한 적이 있었다

생각해 보니
오늘이 그날이다
어머니의 큰 사랑을 받은

생각해 보니
어머니가 작은 우주를 탄생한
생일이었다

자연의 한 가족

눈을 감고 있노라면
혈관 속 피 소리가 들린다

한참 후
바람 소리와 대지가 들린다
나뭇가지의 소리가 찾아온다
하늘의 장막이 열린다

머리가 쉬면
자연의 생물이다
우주의 일부분이다

무생물 소리 없는 부동자세이다
생물들 쉼과 소리를 뿜어낸다
들리지 않는 허공으로

눈을 감고 머리를 비우면
동물과 생물은
자연의 한 가족이다

어디 있느냐

어디 있느냐

푸른 젊은 옷을 벗기려는 자
발가벗은 몸을 보려는 자

하루 하루 새벽에 찾아오는 그
더욱 부드럽고 강하게 다가오는 그

차가운 새벽 이슬
옷과 몸에 적셔 머물고
해돋이 강렬함 슬그머니 사라진다

내일
바람, 추위, 이슬
이별을 재촉하며 강하게 다가오고

가을 문턱에 서서 서성인다

이별 아쉬움
오랫동안 아껴둔 옷을 꺼낸다

가을은 이별의 잔치이다

어머니 품을 떠나는 서러움

바람 입맞춤에 사뿐히 손을 흔들며
가을 잔치에 형형색색 단풍
고추잠자리 날아와 배웅을 한다

자식

사랑으로 태어난 자식
없어서는 안 되는 자식
애물단지 된 자식

후사의 동반자이다

나와 같은 자식
유전자 닮은 자식
대를 잇는 자식

탄생은 자손의 번영이다
지구의 번창이다

없는 자식보다
있는 자식이 좋다

그것은 우리의 숙명이다
남은 자의 과제이다

자식은 늘 우리 곁에 있다
그러나?
애물로 머리를 흔든다

전주천 서쪽으로 가면

전주천을 따라가면
오솔길 옆에 억새풀과
냇가에 황새 백로가 내려 보금자리를 펴고
멀리서 날아온 회색 외가리와 철새들이 서식하는
원초적인 서식처이다

오솔길 양 옆에
엿가락 같은 굽은 길
벚나무들 서열하며
억새와 갈대가 도열하는 곳

평원과 옛 초원
석양 내려 잠시 머물면
황금 주홍색 그림을 그린다

첫 겨울 오면
눈은 벚꽃나무 가지 내려
억새풀 하얀 함박꽃이 피고
정자나무 집에 철새가 잦아든다

전주천 서쪽 내 천
원초적인 엄마 품이며
원시적인 젖가슴인 쉼터이다

즐거운 잔치

막 떠오르는 태양
눈부신 선물 되어 찾아와
잔치를 시작한다

잠들었던 대지
따스하고 부드러운 엄마
손길 같은 햇볕
아침 세수를 하는 중이다

창밖 넘어 들려오는
차들의 행진
새로운 삶이 요동을 친다

즐거운 잔치이다
오늘 세상사이다

초대장

초대장은 통고 없이
문을 두드리는 소리와 같다

봉투 열면
그 속에 희로애락이
시처럼 인사를 한다

초대장을 받으면
오래된 이웃 친구 같은 마음으로
붉은 노을이 든다

푸른 짝사랑의 비밀

집 앞 베란다에 앉으니
청순한 아가씨 옷으로 입은 소나무
파란 손 흔들림으로 인사를 한다

주위에 서 있는 나무들은 지친 자세로
낮잠을 자는데
기다렸다는 듯이 연민의 함박꽃 웃음이다.

사랑일까 보고픔일까
머리와 마음 흔들리는데
어떻게 알았는지 갑자기
푸른 옷자락을 멈춘다

반가워 가까이 가니
아름다운 푸른 드레스 옷자락 반긴다
사랑 가득한 자태의 모습이다
오래된 짝사랑 웃음이다

하늘 호수 단풍 퍼레이드 Ⅱ

하늘은 푸른 코발트색
노란 여인 눈썹으로
둘러싸여 진주알 같은 호수

이른 새벽
하늘 입맞춤에 청여(이슬)로
세수를 하면 하얗게 화장을 한다

영산의 정화된 호수
옥색 진주알 같다

나무들
오랫동안 숨겨둔 옷을 입고
화려한 퍼레이드 준비를 한다

코발트 푸른 하늘
옥색 진주알 호수
천연색 단풍 거울로 다가오는 길이다

아름다운 천상의 퍼레이드이다

제5부
잘 익은 열매의 기도

가을이 오면

가을이 오면
새로 단장한 단풍 옷을 입고
기쁘게 맞이할 것입니다

가을이 오면
가장 먼 친구에게 소식을
국화 꽃잎 사랑의 편지로
안부를 물을 것입니다

가을이 오면,
이웃에게 더 가까이 다가와
빨간 감을 전하며
진한 사랑으로 안부를 묻겠습니다

가을이 오면
조건 없는 사랑으로
모두에게 살고 싶습니다

가을이 오면
영혼의 열매가 가득한
축복의 삶을 빌겠습니다.

눈 망울

바다의 물결처럼
산 중턱 꽃들 아름다운 자태와 향기
무심히 지나쳤다

풀비 속에 홀로 피고 있다
사방은 적막하기 그지없다
아무도 찾아주지 않았다

청순한 얼굴과 환한 웃음으로
번뇌의 솜옷을 벗어버리고
동자승 같은 자세로 피고 있다

눈을 감는다

적막함 속 어려운 생을 보며
고요함 삶을 계획하고
사랑함은 뜨거운 가슴이고
기도로 하루를 시작한다

반복되는 하루 하루가
다람쥐 쳇바퀴 벗어나
가끔 멈추고 싶다

왜 벗어나려는지
나는 어디로 가는지
무엇을 추구하는지

어려운 질문에
잠깐 눈을 감는다

연속된 질문이다
오늘도 내일도

텅빈 동자보살

나무 밑 둥지에
가느다란 눈을 가졌다

무거운 침묵 속
다람쥐가 지나가는 길목이다

눈부신 하늘
찾아오지 않는 밑 둥지에
아름다운 눈을 가졌다

밑바닥
빈 수레 빈 영혼이다

두세 번 찾아오는
바람과 다람쥐
텅빈 보살 가슴에 있다

대부분 삶을 떨구었다

자신의 것을 내주었다
자신의 삶을 내주었다

망각의 하느님

늘 이른 아침
인사와 기도를 한다

내 옆에 있을 뿐
하느님은 내 안에 없다

머리 속에서 떠났고
영혼은 빈방이다

어쩌냐
붙들지 않으면
멀리 떠난 하느님을

어쩌냐
하루 하루 나이 들어가며
망각의 하느님을

노트와 펜으로
당신을 만나야겠다

사랑은 오래 참습니다

삶의 굴레 속
사랑 밥을 먹고 싶었다

삶은 마른 강풍에
몸을 가느질 못 했다

삶은 아프리카 사막 같은
햇볕 속에 말라 죽어 갔다

삶은 망망 대해에
돛대 없이 누워 있다

어두운 장막 열리며
주님 사랑 은총이 찾아왔다

사랑은 오래 참습니다

새벽 기도

적막한 새벽 한가운데
촛불이 켜지면
어두운 몸의 장막 깨고
눈을 들어 하늘에 기도를 한다

새 하루
찾아오는 설렘과 두려움에
기도를 한다

세상의 소리는 요란하다
바쁘게 질주하는 차들의 행진
거리는 차들이 삶의 행렬이다

차 속에
간절한 마음으로 기도 중이다

참 바쁘고 어려운 세상이다
남을 위해서도 기도해야겠다

새해의 희망

새해에는
새하얀 몸으로
새로운 마음으로
맞이하고 싶다

새로운 눈망울
새로운 자세로
깨끗한 영혼을
깨끗한 성령으로
따스한 사랑으로 살고 싶다

생각과 영혼이
잠자지 않는
사랑의 새해를 여행하고 싶다

오래된 삶의 축적을 버리고
새로워지는 기도의 길로 가고 싶다

아쉽다

너를 보내는 내 마음이
닫혀질까 아쉽다

너에게 많은 사랑을
주지 못해 아쉽다

사랑 느낌이
하얀 솜털처럼 늘어져 아쉽다

너와 나
이별이 아쉽다

사랑이
녹을까
사라질까 아쉽다

아침 기도

즐거운 마음으로
오늘 하루를 시작하게 하소서

다르지 않은 오늘이라 하더라도
푸른 대지에 피어나는 꽃들에서
새 하루를 씻어주는 바람에서
사랑스럽고 해맑은 아이들의 웃음에서
동료들의 친절한 보살핌에서
친절과 사랑을 나누는 친구들의 대화에서

아름다운 시집 독서의 영감에서
나 자신을 볼 수 있도록
가끔씩 불러 세워 주소서

연꽃

물 위에 피어 오르는
깨달음 꽃
청순한 자태 우리를 맞는다

하늘 향한 청순한 눈동자
천상과 교류이다

세상 풍파 비가 내려도
불의와 더러움에 타협하지 않는
언제나 깨끗한 얼굴이다

어지럽고 혼탁한 세상에도
어찌 저리 아름다움인가
형이상학의 경지이다

혼탁한 세상에 뿌리 내린
해탈의 영성의 꽃이다

우물 속 나의 영혼

하늘 의자에 기대어
마음을 열고
영혼과 이야기한다

마음 소리는 허공에 퍼지고
영혼의 대화는 밀어 속에
형태를 남기지 않는 독백이다

마음과 영혼의 형상이
우물 바닥 깊은 곳에 비쳐지는
하늘 그림자이다

영혼이 잠에서 깨어나는 아침
우물 속 하늘의 거울은
나의 영혼이다

깊고 깊은 우물 속
하늘로 내려가 본다

일요일 아침

토요일 밤 늦은 잠으로
두꺼운 눈 솥뚜껑처럼 무겁다

아이들은 TV를 보며 시리얼을 먹고 있다
아침 어린 꽃들의 향연이다

두꺼운 눈꺼풀을 들으니
꽃들 향기 가슴에 안긴다

꽃들의 향기와 아이들 사랑 무거워
떠날 수 없는 항구이다

일요일 아침이다

잠시 눈을 감는다

적막함에 어려운 삶을 보며
고요함에 하루를 계획하고
사랑함에 뜨거운 마음이요
기도로 하루 시작한다

반복되는 하루 하루가
다람쥐 쳇바퀴 벗어나 멈추고 싶다

벗어나고 싶은지
어디로 가려는지
무엇을 하려는지

외로운 질문에
잠시 잠간 눈을 감는다
잠시 다시 눈을 감는다

저녁 기도 II

태양은 붉은 호수를 걸어 놓고
하루 저무는 평화로운 저녁입니다
오늘은 좀 힘들고 긴 하루였습니다

짜증나게 하는 일도
화나게 하는 일도 많았습니다.
하지만 사랑하는 가족과 함께하는
즐거움에 쉽게 잊고자 합니다

제 주위에
모든 사물들 밤의 어둠 속으로
잠드는 이 시간에
나 자신 옆어 지친 삶을
모두 안고 있습니다

엄마 품에 편안히 안겨 있는
아이처럼
두려움과 걱정을 벗어버리게 하소서

조건 없는 사랑

살포시 눈을 들면 슬프다
소리 없는 이별은 외롭다
눈을 뜨고 바라보면 눈물겹다

풍성한 삶으로
사랑을 나누면 아름답다

모두 주었다
조건 없는 사랑으로

한 해를 보내며

오늘은 어제 같은데
한 해 마지막 날이다

시간과 인생은
앞으로 정진 뿐이다
되돌아가지도 보지도 않는다

마지막 날에
행복했던 보람찬 날들
허물어지고 고통스러운 날들
머리 가슴으로 내려 회석한다

기쁨은 잠시요
고통은 늘 같이
어른거린다가
마주하는 마지막 날

기도하는 마음으로
한 해의 회석을 접는다
고통과 이별의 시간이다.

호수의 안개 천사 11

이른 아침
잔잔한 호수를 걷노라면
물 위에 피어 오르는 물안개
마치 해탈에 오른 천사 같다

이른 새벽
잠으로 깨어나는 깨끗한 호수
하늘로 하얀 연기처럼 오를까

해가 고개를 들면
호수 모든 것을 멈추고 받아들인다
거부 없는 하루이다

석양의 노을이 찾아오면
호수는 눈을 감고
정화의 정진으로 잠든다

어두움 속에 하얀 부처를 만난다
새로운 해탈의 준비이다
승려들이 잠에서 눈을 뜬다

홀로 11

홀로는 쓸쓸한 고독하다
홀로는 적막한 혼자이고
홀로는 외로워 보인다

홀로는 무리를 떠난
본래의 모습으로 돌아간다

홀로 삶은 무인도와 같다
홀로 삶은 시간표가 없다
홀로 삶은 독백으로 살아간다

홀로는
육체를 떠난 영혼의 모습이다

언젠가 홀로 떠날
우리의 모습이다

홀로는

가끔 멍하니 있고 싶다
눈 감고 있고 싶다
홀로 혼자이다

홀로 다방이 필요하다
나만의 고요함이 필요하다
참 삶은 혼자이다

영혼에 묻고 싶다
눈을 부릅뜨고 묻고 싶다
대답 없는 숙제이다

홀로는 외로움보다
나를 찾는 지름길이다
아껴두었던 보물이다

해설

오금석 시인의 『먼 바다 건너 귀향』

디아스포라의 영혼과 내면적 귀환

이지선

  오금석 시인의 시 세계는 '떠남'과 '돌아감'이라는 순환 구조 속에서 형성되는 내면의 순례 문학이다. 그의 시에는 이민자의 시간, 곧 디아스포라적 존재가 경험하는 상실과 회귀의 정서가 흐르고 있다. 콜로라도의 산맥과 호수, 그리고 고국의 계절들이 교차하는 시 공간 속에서 시인은 잃어버린 고향을 자연의 상징과 신앙의 언어로 치환하며 이주와 단절의 체험을 초월적 화해의 언어로 변주한다.
  오금석 시인의 시는 단순한 이민 서정이 아니라, '타지에서 존재를 다시 세우는 자의 언어적 수행'으로 읽힌다. 오금석 시인에게 디아스포라란 물리적 이동의 사건이 아니라, 내면의 영토를 재건하는 정신적 과정이다. 이때 자연은 상실의 배경이 아니라 '귀환의 통로'로 작동한다.

  호수 · 산 · 꽃 · 낙엽 등의 자연 이미지는 모두 정착의 불가능성 속에서도 끊임없이 자신을 회복하려는 시인의 영혼을 반영한다. 이러한 시적 구조는 유대인 디아스포라 문학이나 중남미 망명 시인 파블로 네루다 Pablo Neruda, 그리고 노벨 문학상 수상자인 체스와프 미워시Czesław Miłosz의 정신적 귀향 의식과도 상통한다. 그들 모두는 잃어버린 '땅'과 '언어'를 대신하여 신앙·기억·자연을 내면적 고향으로 삼았다. 오금석 시인 또한 이와 같은 계보 위에서 한국 이민 시단의 한 축을 이루며 '영혼의 디아스포라'라는 독자적 미학을 구축한다. 문학사적으로 볼 때 근대적 이주 서사의 '비극적 고립'을 넘어선 신新영성적 리얼리즘의 형태를 보여준다. 이는 육체의 유랑이 아니라 존재의 숙명적 이동에 대한 성찰이며, 결국 신과의 대화를 통해 자신을 회복하려는 시적 구도의 과정이다. 따라서 오금석 시인의 작품은 디아스포라의 정체성을 단순한 '타향의 서러움'으로 환원하지 않고 그 속에서 사랑·신앙·기도로 연결되는 영적 회복의 서사를 완성한다.

시인이 보여주는 디아스포라적 정체성은 '잃어버린 고향을 신앙으로 번역하는 시적 행위'이며, 그 행위 속에서 시인은 이민자의 고독을 '기도의 언어'로 성화聖化시킨다. 오금석 시인의 시학은 이주와 망명의 상처를 초월하여 인간 존재의 본질적 귀환, 즉, 영혼이 제자리로 돌아가는 시적 여정을 그려낸다.

1.

시인 오금석의 시집 제1부「삶의 시작과 마침」은 생

애적 체험을 바탕으로 자연의 순환과 인간 존재의 유한성을 겹쳐 놓은 서정적 시 세계로 이루어져 있다. 시인은 미국 콜로라도로 이주하여, 한인 사회 속에서 활동하며 시적 정체성을 확립한 인물이다. 따라서 그의 시에는 물리적인 이주의 경험뿐 아니라 고향과 타국 사이에서 생겨나는 이중의 소속감과 내적 분열, 그리고 그로부터 파생된 고독과 침묵의 정서가 깊이 배어 있다. 이러한 내면의 진동은 제1부 전체를 흐르는 주된 정조로 작용하며, 동시에 디아스포라 문학의 본질적 특징을 보여주는 장치로 작용한다.

특히 1부에서 그려지는 자연적 이미지와 계절이 눈에 띈다. 그의 자연 이미지는 언제나 감정의 은유로 기능한다. 「떠나가는 아스펜 나무」에서 시인은 창 밖의 나무를 통해 자기 자신을 비춘다. "청순한 자태와 웃는 얼굴로 살고 싶다"던 나무는 어느새 "무표정과 외로움에 서 있었다." 이 변화는 단순한 자연의 변모가 인생과 삶을 은유한다. 이 시에서 가장 두드러지는 것은 외로움의 미학화다. 그는 이별의 고통을 회피하지 않고, 그것을 자연의 질서로 받아들인다. 시인은 "사계절의 섭리이다"라고 쓴다. 이 짧은 문장은 운명을 받아들이는 태도를 상징하며, 숙명적 순응과 내면의 평화를 보여준다.

또한 오금석 시인의 정체성 확장은 「전쟁 난민의 고통」이나 「혹독한 여름」과 같은 시편에서는 개인적 정서를 넘어, 인류 보편의 고통에 대한 공감으로 보여진다.

특히 팔레스타인 난민을 다룬 「전쟁 난민의 고통」은 시인의 이민자적 감수성이 타인의 상처로 확장된 사례다. 그는 "창가에 상처가 서리처럼 붙여 있다"고 표현하며, 타인의 고통을 자기 내면의 추위로 전이시킨다. 이러한 감정 이입은 경계의 문학, 즉 국적과 민족을 초월한 공감의 언어로서 디아스포라 문학이 지닌 확장 가능성을 보여준다.

> 창가에 상처가
> 서리처럼 붙여 있다
> 고통스러운 눈물이 고드름처럼 내려져 있다
>
> 하루하루 삶 속에
> 솟구치는 고통이
> 심장 깊이 자리 잡는다
>
> 가슴과 심장 속에
> 파고드는 칼날 같은 아픔이
> 오늘도 떠나지 않는다
>
> 슬픔의 홍수로
> 눈이 하늘로 응시한다
>
> 고통스러운 상처의 고착화
> 헤매는 밤
> 새벽이 오기를 기다린다
>
> 전쟁 없는 아침을 빌며

> 기도 속에 눈을 감는다
> ― 전쟁 난민의 고통 (팔레스타인 난민)

오금석 시인은 이민자의 현실을 직접적으로 서술하지 않으면서도, 그 정신적 풍경을 자연의 이미지 속에 투영하는 방식으로 디아스포라적 체험을 형상화한다. 그의 시는 현실의 고통을 폭로하거나 사회적 갈등을 직접 다루지 않는다. 대신, 조용한 내면의 언어로서 침묵과 메아리의 서정을 구축한다. 이러한 점에서 오금석 시인의 시는 '정적의 디아스포라', 혹은 '관조의 이민 문학'이라 부를 만하다.

그의 시 세계는 아직 한국어라는 모국어의 울타리 안에 머물러 있지만, 그 언어 속에서 이미 타국의 공기와 시간의 냄새가 묻어나온다. 이민자의 문학은 결국 언어의 기억을 지키는 문학이다. 오금석 시인은 낯선 대지 위에서 고향의 말과 정서를 지켜내며, 그 언어로 자신의 이주 삶을 기록한다. 그가 창밖의 아스펜 나무를 바라보며 느낀 고독은 단지 한 개인의 감정이 아니라, 전 세계가 공유하는 '떠남의 슬픔'이다.

따라서 「삶의 시작과 마침」은 단순한 자연 서정시가 아니라 기억과 정체성을 자연의 질서 속에 재배치한 정신적 자서전이다. 그 속에서 시인은 사라지는 것들을 애도하면서도 동시에 그 애도의 과정 속에서 스스로를 회복한다. 고독은 그에게 죽음의 예고가 아니라 존재를 견디게 하는 언어의 장벽이다. 그는 그 장벽 앞에서 침묵하지 않고 오히려 그 침묵을 시로 바꾼다.

2.

제2부 「행복은 경험이 아니라 느끼는 감정이다」는 삶의 수용과 내면의 평화로 나아가는 서정적 전환점을 보여준다. 시인은 여전히 자연과 인간의 관계를 중심에 두지만 그 자연은 상실과 단절의 배경이 아니라 감정과 존재가 조화롭게 흐르는 명상의 공간으로 변모한다.

그의 시는 전체적으로 "느낌"과 "감정의 깊이"를 통해 행복의 본질을 탐색한다. 제목에서 드러나듯 행복은 사건이나 결과가 아니라 감정의 순간적 체험, 즉 내면에서 '느껴지는 진동'으로 정의된다. 시인은 이러한 감정의 진폭을 자연의 현상 속에서 발견하며, 인간의 감정이 자연의 리듬과 맞물릴 때 진정한 평화를 얻을 수 있다고 본다.

> 어머니는 그리움이다
> 아버지는 슬픈 이별이다
>
> 그리움은 가슴에 살고
> 이별은 머리속에 있다
>
> 그리움은 가슴에서 피어나고
> 이별은 눈에서 눈물을 적신다

할머니는 머리에 머물고
할아버지는 망각 속에 머문다

나는 살아 숨쉬며
돌아다니는 전망대이다

따스한 봄 바람이 불면
그리움과 슬픔으로 교차한다
　　　— 삶의 전망대

　오금석 시인의 시는 본질적으로 '고향의 기억을 모국어로 끌어안고 타국의 시간 속에서 그것을 다시 읽는' 작업으로 읽힌다. 디아스포라 문학의 핵심 주제들인 향수nostalgia, 기억과 트라우마, 언어의 이중성, 정체성의 재구성은 오금석 시인의 시 전편에 걸쳐 지속적으로 반복된다. 이 반복은 때로는 서사적 폭발 없이 서정적 이미지의 응축으로 나타난다. 즉 그는 정치적·사회적 갈등을 직접적으로 서술하기보다 자연과 일상 이미지를 통해 정서적 조건을 은유적으로 드러낸다. 이러한 태도는 '침묵과 메아리', '회상의 재현' 같은 전형적 디아스포라 모티프와 맞닿아 있으나, 사회구조적 불의나 제도적 억압을 전면화하는 방식과는 거리를 둔다.

　이 점을 국제 문학의 주요 흐름과 비교하면 흥미로운 대조가 된다. 오금석 시인의 시와 월컷·모리슨을 비교하면 문예사조적·방법론적 차이가 분명해진다. 월컷과 모리슨은 포스트콜로니얼·디아스포라 문학의 맥락에서 '역사적 진실'과 '집단 기억'의 복원에 열을 올렸다면 오금석 시인은 보다 개인적이고 서정적인 방식으로 '감정의 질質'을 탐구한다. 오금석의 방식은 다음과 같은 특징을 가진다.

첫째로 언어의 '보존'과 '응대'이다. 오금석 시인은 한국어의 울림을 유지한 채 타국의 풍경을 한국적 감수성으로 번안한다. 이는 디아스포라 문학에서 흔한 '모국어 지키기'의 태도와 맥을 같이하지만, 월컷처럼 이중언어·크리올의 혼성으로 언어적 파열을 극복하려는 실험과는 방향이 다르다. (디아스포라 글쓰기에서 모국어의 보존은 정체성 유지를 위한 전략으로 자주 관찰된다.)

두 번째로는 서정적 응시와 정치성의 비대면화이다. 오금석 시인은 자연 이미지와 개인적 기억을 통해 정서를 표출하되, 제도적·구조적 억압을 직접 문제화하지 않는다. 따라서 그의 디아스포라 서사는 '치유적 고백'이나 '정서적 성찰'에 무게를 둔다. 월컷의 집단서사나 모리슨의 역사적 트라우마 서사는 사회적 책임과 증언의 차원에서 문학적 역할을 확장하는 반면, 오금석 시인은 내적 균형과 일상적 행복의 발견을 통해 디아스포라 존재의 심리적 측면을 섬세히 그려낸다.

> 일상은 고통스러움이 대부분이다
> 고통스러움 안에 가끔 행복이 찾아온다

반복되는 일상 생활은 지루함
행복해하지 않고
새로운 것들에 행복함을 느낀다

늘 먹는 음식은 습관적인 것이요
후식의 아이스크림 행복감을 만끽한다

역사를 뒤돌아보면
우리는 변함이 없었다

권력자와 부자들은
양심을 묻어둔 채 살아갔다

인문학적인 인성이 유전되지 않기에
현재 삶은 고통스러움 속에 헤맨다

그래도
가끔 뜻하지 않는 행복이 가끔 찾아온다
　　　　— 행복과 고통의 교차로

　오금석 시인의 시는 전통적 서정주의와 현대의 디아스포라적 자의식을 결합한 형태로 읽힌다. 그것은 '모더니즘적 응축성'(이미지의 압축과 상징적 잔향)과 '포스트콜로니얼 시대의 향수 주제'가 교차하는 자리다. 디아스포라 문학 연구는 향수와 배치된 기억, 망명과 정체성의 지속성 등을 주요 분석 대상으로 삼아 왔는데, 오금석 시인의 작품은 그 중 '향수·감정의 미시적 스펙트럼'을 보여주는 좋은 사례로 평가할 수 있다.

학술적 검토에서도 디아스포라 문학은 주로 상실·향수·정체성 재구성 등을 특징으로 지적한다는 점이 이를 뒷받침한다.

3.

제3부의 시편들은 제목이 암시하듯 추억과 그리움의 감정선을 따라가며, 삶 속에 남은 기억의 향기와 시간의 퇴적물을 시적으로 펼쳐낸다.

> 산 너머 굽이굽이 길 따라
> 초가집 찬서리 내리고
> 먼 하늘 바다 건너 돌아온 제비
> 고요한 동내 요란스럽게 지저귄다
>
> 새벽 정적 늦잠 자던 홍초는
> 제비소리 눈을 뜨고 인사를 한다
>
> 담장 옆에서 꿈질거리며 마당에 나온 지렁이는
> 칼날 같은 속도로 땅속으로 몸을 숨긴다
>
> 태양이 쉬어가는 산 너머 굽이굽이
> 하루의 사랑을 못내 아쉬워 하며
>
> 석양 초가집 동네
> 잊지 못 할 무지개 노을 만든다

> 선한 사람들이 모여사는
> 초가집 동네이다
> 　　　— 초가집 동네

　시 「초가집 동네」는 단순한 고향의 풍경 묘사에 머물지 않고, 시간의 퇴적 속에서 기억이 어떻게 생을 지탱하는 힘으로 작동하는가를 탐구한다. 시인은 자연의 이미지인 산 너머의 굽이진 길, 서리 내린 초가집, 돌아온 제비, 석양의 노을을 통해 잊히지 않는 정서의 근원지로서 '고향'을 재현한다. 그러나 이 고향은 물리적 장소가 아니라, **정신적 귀소歸巢**의 공간이며, 그리움의 원형적 상징이다.

　그는 현실적으로는 '떠난 자'이지만, 언어와 시를 통해 여전히 기억의 고향에 거주하는 자로 남는다. 시적 화자는 '지렁이의 숨김', '홍초의 눈뜸' 같은 세밀한 묘사를 통해 일상의 작은 움직임 속에서도 생의 지속성과 정서의 진실을 포착한다. 이러한 미시적 관찰은 그리움의 거대한 서사를 소박한 장면 속에 압축하는 서정적 미학으로 작용한다.

　석양과 초가집, 그리고 "잊지 못 할 무지개 노을"은 상실 이후의 화해이자, 떠남 이후의 수용이다. 오금석 시인의 시는 디아스포라 문학의 맥락에서 '감정 중심의 내면화된 이주 서정'이라는 독자적 성취를 보여준다. 그가 다루는 이민의 체험은 정치적 고발이나 역사적 재구성의 방향이 아니라, 정서적 지속성과 언어적 귀속감을 통한 존재의 증명이다. 즉, 그의 시는 거대한 담론의 서사가 아니라 '조용한 증언', 일상의 정직한 회고로서의 증언이다.

이민자의 삶은 고향의 땅에서는 사라졌을지라도, 그의 언어와 시는 타국의 시간 속에서 기억의 혈맥으로 이어진다. 오금석 시인의 시 전체를 아우르는 '그리움의 영속성'은 이 구절에 집약된다.

제3부의 시들은 개인의 정서에서 인류적 감정으로 확장된 '추억의 철학'이라 할 수 있다. 그리움은 단순한 회상이 아니라, 현재를 살아가게 하는 동력이며, 자연의 주기 속에서 다시 태어나는 생의 힘이다.

즉 오금석 시인의 시는 디아스포라 문학의 중요한 한 갈래인 '감정 중심의 내면화된 이주 서정'을 보여준다. 그는 월컷처럼 집단적 역사 서사를 재구성하거나 모리슨처럼 폭력의 기록을 소설적 장치로 폭로하지는 않지만, 모국어로 타국의 바람과 나무를 불러와 '떠남 이후의 일상'을 예민하게 포착한다. 그 결과 독자는 정치성보다 정서적 진실성에 닿게 되고, 이는 다른 종류의 증언이다. '조용한 존재의 증언', 즉 일상적 고백이자 기억의 보존이다.

전반적 구조는 시간의 흐름 속에서 사라짐, 침묵, 고독, 회상으로 이어지는 정서적 궤적을 따른다. 이는 곧 탄생과 죽음, 만남과 이별의 순환 구조를 형성한다. 그러나 이 순환은 단순히 생물학적 삶의 리듬이 아니라, 정신적 순환, 즉 '떠남—그리움—수용—다시 떠남'이라는 내면적 여정의 반복을 의미한다.

  4.

  제4부에 들어서면 화자는 한층 더 초월적이고 철학적인 시선으로 삶을 바라본다. 또한 시인은 '10-4 인생사'에서 "모두를 사랑하라 않으시고, 이웃을 사랑하라 하셨다"는 구절을 통해 5부로 이어지는 신앙적 성찰을 바탕으로 한 인간 이해의 태도를 드러낸다.

    저녁마다 찾아오는
    꿈속 걷노라면

    그리웠던 어머니도 만나고
    옛 손꼽 친구들도 만나고
    첫사랑 애인도 만나고
    낯선 사람과 만나고

    아름다운 환상 속 길을 걷지
    매일 밤
    그리워지는 꿈속
          — 꿈속을 걷다

  시인은 꿈속에서 '기억의 인물들'을 통해 자신과 타인의 관계를 다시 쓰며, 이별의 아픔을 포용하는 화해의 과정을 수행한다. "매일 밤 / 그리워지는 꿈속"이라는 반복적 구절은 그리움이 단순히 과거에 머무는 감정이 아니라, 현재를 지탱하는 정신적 호흡임을 드러낸다.

이 시에서 중요한 것은 '꿈속의 현실성'이다. 현실은 이미 지나가지만, 꿈은 그리움을 통해 다시 현실을 확장한다. 오금석 시인의 시에서 꿈은 기억의 변형이자, 존재의 또 다른 시간성이다.

오금석 시인의 시 세계는 20세기 후반 포스트콜로니얼·디아스포라 서정시의 변형된 한국적 버전으로 평가할 수 있다. 그의 언어는 월컷의 서사처럼 장대하지 않지만, '이민자의 내면적 일기'로서 일상의 언어를 정제된 상징으로 바꾼다. 그리움은 추억을 낭만화하지 않고, 오히려 존재의 무게와 시간의 윤리를 환기시키는 매개가 된다.

> 인생은
> 모래밭에 사과나무다
> 열매가 열린다
>
> 행복은
> 행동 아닌 감정을 음미하는 것이다
>
> 동정은 쉽고 동경은 어렵다
> 죽으려니까
> 세상이 총천연색이다

푸른 하늘 깨져
하얀 솜털 구름이 웃는다

생애는 기적과 같다
사람이 사람 사이에 기적이 있다
눈물 같은 하늘 기적을 보았다

꿈이 바다 바람처럼 밀려오면
너는 너를 믿는다
나는 너를 믿는다

모래밭에 사과나무처럼
사람은 사람 안에 기적이 있다.
— 모래 밭에 사과 나무

시인은 "행복은 / 행동 아닌 감정을 음미하는 것이다"라고 말한다. 이는 현대 사회가 잃어버린 내면적 감수성, 즉 감정의 윤리학Ethics of Emotion을 복원하는 선언이다. 그는 감정의 진실을 통해 존재의 윤리를 세우며, 인간의 존엄을 일상적 언어 속에 되살린다.

앞서 말한 바와 같이 노벨 문학상 수상자들이 보여준 세계적 디아스포라 서사(월컷, 모리슨 등)가 '집단적 기억의 정치학'이라면, 오금석 시인의 시는 '감정의 윤리학'이라 할 수 있는 것이다. 그는 거창한 혁명 대신 일상의 된장국과 호수의 물결, 단풍의 색과 촛불의 눈물 속에서 인간의 존엄과 사랑을 회복한다. 오금석 시인의 시는 결국 "떠남 이후의 삶을 어떻게 사랑할 것인가"라는 질문에 대한 평생의 대답이다.

5.

「잘 익은 열매의 기도」는 앞선 4부까지의 여정을 완결하는, 일종의 영혼의 결실기結實期에 해당한다. ·기억·사랑·삶의 철학을 통해 인간 존재의 조건을 탐색했다면, 5부는 그것들을 내면에서 기도의 언어로 승화시키며 "영혼이 잘 익은 시점의 고요한 사색"을 보여준다.

전체적으로 '관조觀照'와 '기도祈禱', 그리고 '홀로 있음의 성숙'이라는 세 가지 축으로 나눠볼 수 있는 5부는 오금석 시인의 시 세계의 종착지이자 동시에 출발점이다.

> 가을이 오면
> 새로 단장한 단풍 옷을 입고
> 기쁘게 맞이할 것입니다
>
> 가을이 오면
> 가장 먼 친구에게 소식을
> 국화 꽃잎 사랑의 편지로
> 안부를 물을 것입니다
>
> 가을이 오면,
> 이웃에게 더 가까이 다가와
> 빨간 감을 전하며
> 진한 사랑으로 안부를 묻겠습니다

가을이 오면
　　　조건 없는 사랑으로
　　　모두에게 살고 싶습니다

　　　가을이 오면
　　　영혼의 열매가 가득한
　　　축복의 삶을 빌겠습니다.
　　　　　　— 가을이 오면

　오금석 시인의 시는 이미지 중심적이며, 묘사의 축약과 정서의 반복을 통해 독자의 공명을 끌어낸다. 반면 월컷의 『Omeros』는 서사의 확장을 통해 집단적 시간을 편성하고, 모리슨은 소설 구조로 트라우마의 다층적 잔해를 드러낸다. 이 차이는 '시가 택할 수 있는 정치성의 한계'를 보여주기도 한다. 시 형식 자체가 갖는 응집력은 내면적 진실을 포착하는 데 유리하지만, 집단적 증언 · 역사적 재현에는 장편 서사적 장치가 더 많은 폭을 허용한다. 그러나 오금석 시인의 시는 이미지 중심적인 시의 한계를 벗어나 신앙적 철학과 사유를 품고 있다. 이러한 시인의 삶에 대한 깊은 이해와 다층적인 시각이 시인의 시를 더욱 풍성하게 보여주고 있다.

　　　오늘은 어제 같은데
　　　한 해 마지막 날이다

　　　시간과 인생은
　　　앞으로 정진 뿐이다
　　　되돌아가지도 보지도 않는다

> 마지막 날에
> 행복했던 보람찬 날들
> 허물어지고 고통스러운 날들
> 머리 가슴으로 내려 회석한다
>
> 기쁨은 잠시요
> 고통은 늘 같이
> 어른거린다가
> 마주하는 마지막 날
>
> 기도하는 마음으로
> 한해의 회석을 접는다
> 고통과의 이별의 시간이다.
> ― 한 해를 보내며

시인은 "머리 가슴으로 내려 회석한다"라는 독특한 표현을 사용한다. 여기서 '회석'은 단순한 '회상'이 아니다. 이는 머리로 이해한 과거를 가슴으로 용서하고 흡수하는 과정, 즉 이성에서 감성으로의 전이, 지성에서 영성으로의 승화를 뜻한다.

이 구절은 오금석 시인의 세계관을 잘 압축한다. 그는 과거를 부정하거나 망각하지 않는다. 오히려 그 고통스러운 기억들까지도 삶의 총체적 일부로 수용한다. "행복했던 보람찬 날들 / 허물어지고 고통스러운 날들"이 공존하는 세계에서, 시인은 '기쁨은 잠시요 / 고통은 늘 같이'라고 말한다.

즉, 시인은 냉소가 아니라, 삶의 진실을 받아들인 성숙의 목소리를 보여주고 있다.

6. 마무리하며

오금석 시인의 시 세계는 디아스포라적 존재가 감내해야 하는 실존적 외로움과 초월적 구원의 염원을 동시에 품고 있다. 그의 시적 언어는 고향 상실의 비애와 이민의 고독을 넘어 타지에서 인간이 '자기 영혼의 귀향'을 모색하는 내면의 순례록이다. 콜로라도의 자연과 미국 이민 사회의 일상적 풍경은 단순한 배경이 아니라, 상실된 정체성과 새로운 뿌리의 공존을 가능케 하는 시적 장치로 기능한다. 그는 자연을 통해 자기 존재를 확인하고, 기도를 통해 신과의 단절을 치유하려 한다.

그의 시집은 디아스포라 문학의 전형적 특징인 '두 문화 사이의 균열과 융합'을 시적으로 구현한다. 언어는 한국어로 쓰였지만, 그 사유의 공간은 이미 국경을 초월한다. 이민자로서의 분리된 삶, 신앙인으로서의 내적 구원, 그리고 노년의 철학적 성찰이 한 몸처럼 교직되어 있다. 이러한 복합적 정서의 층위는 데릭 월콧Derek Walcott의 『오메로스Omeros』나 이청준의 「병신과 머저리」가 보여주는 상처의 미학과도 맥락을 같이한다. 월콧이 식민의 기억을 언어로 치유했듯, 오금석은 이민의 상처를 시의 기도로 승화시킨다.

그의 시에서 '가을', '호수', '기도', '홀로' 라는 상징들은 단지 자연적 이미지가 아니라, 상실과 구원의 윤회적 은유로 작동한다. 그 세계는 고독 속의 침묵이 아니라, 신과 인간, 자연과 영혼이 교차하는 존재의 경계 공간이다. 그는 이민자의 실존을 일상의 언어로 형상화함으로써, 문학이 구원의 행위이자 자기 치유의 언어임을 증명한다.

　오금석 시인의 시는 단절과 상실의 이민 서사를 넘어, '귀향의 불가능성' 속에서 새롭게 탄생하는 영혼의 공동체적 언어를 제시한다. 그것은 단지 개인의 체험이 아니라 현대 디아스포라 인간이 겪는 보편적 영혼의 여정이다. 이 시집은 타국의 고요한 산맥 위에서 흩어진 뿌리를 다시 엮어내는 시인의 고백이자, 그 자신이 하나의 '기도로 된 나무'가 되어가는 장엄한 변주의 기록이라 할 수 있다.

　그의 대답은 장대한 철학이나 신학이 아니다. 그것은 작은 일상의 순간을 사랑하고 타인을 이해하며, 자신을 용서하는 일이다. 오금석 tldls의 시는 이러한 조용한 성찰을 통해 현대인의 내면을 치유하는 영혼의 언어로 자리한다.